SÉRIE

LES GUIDES PRATIQUES POUR REVENIR À SOI EN CONSCIENCE

DE

CINDY PHAN

Canal et énergéticienne quantique

Hypersensibles, comment protéger son énergie vitale ?

contact avec la pièce dans laquelle vous ouvez. À savoir le toit, les fenêtres, la Ressentez la température ambiante, la ou le froid sur votre peau. Revenez aux ons. Je vous invite à ressentir le poids de ête, vous pouvez la rentrer légèrement relâcher le mental. Déverrouillez la re, en effectuant de petits mouvements mâchoire de gauche à droite. En effet, tendance à se resserrer pendant la en raison des contrariétés et des tions. L'activer permet de laisser ie circuler.

VOLUME 3

HYPERSENSIBLES COMMENT PROTÉGER SON ÉNERGIE VITALE ?

Qu'est-ce que l'hypersensibilité et comment en faire un atout ? Comment reconnaître les voleurs d'énergie et protéger votre énergie vitale ?

Voilà un sujet parfait d'actualité qu'il est crucial d'aborder, surtout face aux vampires énergétiques présents dans le collectif. En effet, il est essentiel de poser vos propres limites et d'avoir une conscience aigüe de votre énergie vitale. Beaucoup, comme moi, sont des multipotentiels, HPE, Hauts Potentiels Émotionnels. Avec ce profil, il n'est pas toujours évident de se protéger énergétiquement et de distinguer ce qui vous appartient ou non.

Nombre d'entre vous n'avez parfois pas conscience d'être vidés énergétiquement ou de vous être fait voler votre énergie, votre capital de vitalité, sauf après coup, lorsque vous êtes complètement épuisés et en faites les frais. Dans ce cas, il est plus difficile de récupérer votre énergie. Certaines personnes sont en burnout sans même s'en rendre compte.

À travers ce partage, je souhaite vous donner des techniques afin que vous puissiez vous régénérer, vous recharger en énergie, définir vos propres limites et enfin, être à l'écoute de

votre corps, de vos ressenti
laisser happer par le monde

Avant de vous délivrer plu
ce thème, je vous propose
Ne vous allongez pas, car
maintenir une certaine v
l'énergie circule de manière
assis au sol, mettez quel
éviter de créer une tens
Tenez-vous droit, mais sans

Je vous invite à porter
l'intérieur. Je vais faire a
sensations. Plus vous recent
sur vos sens et plus, vous r
de votre temple, votre co
votre ancrage et vous aide
moment présent.

Prenez
vous t
porte.
chaleu
sensat
votre
afin d
mâcho
avec la
elle a
journé
frustra
l'énerg

MÉDITATION ET SOINS ÉNERGÉTIQUES

Reprenez maintenant conscience du poids de vos épaules, de vos bras, de vos avant-bras, de vos mains et de votre poitrine et descendez progressivement dans le ventre. Je vous invite à concentrer toute votre attention vers l'intérieur.

Ressentez maintenant comme si vous souhaitiez vous assoir dans votre bassin. Imaginez que votre corps est de plus en plus lourd et que vous vous enfoncez encore davantage dans votre assise, sur le coussin ou la chaise sur laquelle vous êtes installé.

Vous détendez maintenant toute la région pelvienne, c'est-à-dire tous les orifices du bas et vous laissez toute l'énergie descendre dans la terre. Il arrive fréquemment que l'énergie reste bloquée, en raison des contractions dans le bas du corps.

Nous allons faire circuler cette énergie. Prenez maintenant 3 grandes inspirations. Inspirez par le nez et expirez par la bouche. Inspirez par le nez, expirez en émettant un son à travers la bouche. Encore une fois, inspirez par le nez et expirez pour relâcher les tensions. Nous allons le refaire à travers le nez uniquement.
Maintenant, je vous invite à lever les épaules vers le ciel en inspirant à travers le nez et à relâcher les épaules en expirant par la bouche. Encore une fois, montez les épaules et relâchez en expirant à travers la bouche en émettant le son « haaa ». Une dernière fois, inspirez et relâchez les épaules et les bras.
Nous allons continuer avec 3 inspirations et 3 expirations. Les guides me demandent d'insister

sur le souffle actuellement, car beaucoup d'entre vous respirent mal. Lorsque nous sommes dans le mental, nous avons tendance à respirer à un rythme plus rapide, au niveau de la cage thoracique, ou à être en apnée.
Respirez plutôt à travers le ventre. La respiration ventrale est lente. À chaque fois que vous respirez comme cela à 3 reprises, vous vous recentrez grâce à l'attention que vous vous portez. C'est aussi simple que cela.

Maintenant, inspirez et expirez à travers le nez, à votre rythme. Inspirez, ressentez l'air froid qui entre dans vos narines et expirez, ressentez l'air chaud qui en ressort. Juste cela. Une deuxième fois, inspirez, ressentez l'air froid et expirez, ressentez l'air chaud. Une dernière fois, inspirez, ressentez l'air froid et expirez, ressentez l'air chaud.

Tournons maintenant toute notre attention au niveau du bassin. À partir de cet espace, je vous invite à déployer vos racines, tel un arbre puissant comme si vous cherchez à atteindre le noyau de la terre à travers vos racines, vos pieds, vos mollets, vos cuisses. Vous traversez le plancher, le sol. Multipliez vos racines et allez chercher le noyau de la terre, enroulez toutes vos racines, enroulez fermement et solidement le noyau de la terre et prenez le temps de ressentir les pulsations du cœur de la terre et même si vous ne ressentez rien, je fais le pont, je vous accompagne et cela agit quand même. Prenez l'énergie de la Terre-mère qui nous offre tout en abondance et qui nous aime infiniment. Chargez-vous de cette énergie, faites-la remonter à travers vos pieds, vos mollets, vos cuisses, votre bassin, votre ventre, votre cœur, votre gorge, votre troisième œil, votre coronal. Visualisez un petit fil argenté qui s'élève du

sommet de votre tête jusqu'au soleil. Vous vous agrippez au soleil central, le grand soleil du cosmos et ressentez sa chaleur sur votre peau comme lors d'une chaude journée d'été.
Soleil père, énergie de transformation. Absorbez cette énergie et ramenez-la de nouveau. Elle passe par votre fontanelle, c'est-à-dire le sommet de votre tête, votre troisième œil, votre gorge, votre cœur, votre ventre, votre bassin et vous pouvez même en redonner à la terre mère.

Maintenant, visualisez un tube qui part du noyau de la terre jusqu'au soleil, un tube blanc, opaque, lumineux, puissant. Vous êtes à l'intérieur de ce tube.
Veillez à ce qu'il ne soit pas trop étroit, afin que vous soyez confortable. C'est votre propre canal de lumière, votre protection. Amplifions

maintenant ces énergies afin d'effectuer un nettoyage.

J'appelle ici et maintenant l'Archange Michaël, Je le remercie de m'assister dans ce protocole de nettoyage et de guérison.

Visualisez une douche physique de paillettes dorées et argentées qui descendent dans votre tube et qui viennent laver tous vos corps énergétiques.

Je demande le nettoyage de tous les corps énergétiques, tous miasmes et scories et à les transmuter dans la terre, ici et maintenant.

Comme vous disposez de votre libre-arbitre, il suffit de vous dire intérieurement :

« J'autorise l'Archange Michaël à faire ce travail de nettoyage. Ainsi soit-il ! ».

Respirez, ne coupez pas ce souffle et laissez faire. Si vous baillez, ne mettez pas la main devant la bouche, même si à l'école, on vous imposait l'inverse. Lorsque nous baillons, nous évacuons les charges et cela fait circuler l'énergie, en posant la main devant la bouche, les énergies chargées reviennent à l'intérieur.

Faites-les descendre dans la terre. Visualisez cette douche de Lumière jusqu'à vos pieds. Relâchez la partie pelvienne jusqu'au bassin.

Je fais maintenant appel à Maître Saint-Germain. Merci d'être parmi nous. Visualisez tout simplement une flamme violette en dessous de vous, sous votre corps physique. Si

vous n'arrivez pas à visualiser une grande flamme, visualisez plein de petites flammes de bougies de couleur violette en dessous de votre corps.
Maintenant, je vous invite à décharger dans ce feu, dans cette flamme violette, tout ce qui vous pèse, les colères, les problèmes que vous n'arrivez pas à résoudre, les doutes, les peurs, les tristesses, les frustrations. Lâchez tout ce qui vous met en fréquence basse. Vous n'avez pas besoin de porter cela. Il vous est toujours possible de recourir à des fréquences plus élevées pour transmuter ces énergies. Remettez tout, absolument tout. Vous avez accumulé beaucoup de choses et vous pouvez maintenant décharger. Respirez.

Merci Maître Saint-Germain de transmuter toutes ces énergies en Lumière.

Vous les remettez à la terre. Pas d'inquiétude, vous ne polluez pas la terre mère, elle transmute ces énergies en jolies fleurs, en grands arbres puissants. Oui, la Terre-Mère a ce pouvoir de nous aider à régénérer ces énergies. Continuez à vous délester et relâchez la partie pelvienne. Respirez. Redressez la colonne vertébrale pour que ça circule et respirez là-dedans.

On m'invite maintenant à ce que vous visualisiez la couleur violette, comme un liquide qui descend du ciel. Laissez-le traverser à travers la fontanelle et vous remplir de l'intérieur.

Il circule de la tête jusqu'aux pieds, comme une petite rivière de couleur violette qui coule à travers tout votre corps.

Il régénère vos cellules et réharmonise l'ensemble de vos corps énergétiques. Amplifiez

maintenant cette couleur comme si elle sortait de votre corps et venait remplir toute votre aura. Respirez là-dedans. Cela renforce votre énergie vitale, nourrit tout votre corps énergétique et décuple votre fréquence vibratoire. Respirez.
Baignez quelques secondes dans cet espace d'auto-guérison et de soin avec les êtres divins. Nous sommes bien accompagnés.

Vous pouvez également profiter de cet instant pour demander à l'Archange Michaël de couper, grâce à son épée, tout lien énergétique et d'attachement liés à des personnes extérieures, afin de récupérer votre énergie et que les personnes extérieures puissent aussi récupérer leur énergie, que chacun puisse retrouver sa juste place.

Pour cela, dites intérieurement : *« J'autorise l'Archange Michaël à couper tout lien émotionnel, énergétique et d'attachement extérieurs à moi »*.

Merci Maître Saint-Germain, merci Archange Michaël, merci également à tous les êtres divins, d'Amour et de Lumière présents. Nous allons revenir ici et maintenant. Le soin est terminé et vous pouvez tout simplement vous étirer en levant les bras au ciel et bailler. Touchez votre corps pour revenir à l'intérieur. Plus vous êtes dans votre corps, dans vos sensations et vos ressentis, plus vous êtes ancré. Vous pouvez même tapoter votre corps, tapoter au niveau des reins, réveiller le bassin.

Comment vous sentez-vous ?

Ces nettoyages permettent d'évacuer les charges psychiques, énergétiques accumulées et sont extrêmement puissants.
Personnellement, je travaille chaque jour avec Maître Saint-Germain et la flamme violette ainsi qu'avec l'Archange Michaël.
Ils m'accompagnent depuis des années. Pour œuvrer, je suis obligée de nettoyer mes énergies en permanence. Cela aide à faire transmuter le collectif, comme le font de nombreux piliers de Lumière.

Dans un premier temps, nous allons explorer ensemble le thème de l'hypersensibilité. Ensuite, nous parlerons plus précisément des vampires énergétiques et comment user de discernement pour les reconnaître, comment s'en protéger, se positionner et si vous vous êtes fait voler votre énergie, comment la récupérer et vous régénérer.

L'HYPERSENSIBILITÉ

Commençons par l'hypersensibilité. Le mot Hyper signifie « très » et sensible renvoie au mot « sens ». Les personnes hypersensibles sont donc généralement extrêmement sensibles. Leurs sens et leurs facultés extrasensorielles sont souvent très développées. Elles sont plus réceptives à la lumière, aux sons, aux bruits. Leur ouïe, leur odorat, sont plus affinés.

Un hypersensible va par exemple sentir un petit courant d'air. Il est capable de savoir instantanément si une personne est en colère, à peine a-t-elle franchi le seuil de la porte.

Il peut rencontrer de la difficulté à discerner ce qui appartient au collectif, aux personnes qui gravitent autour de lui ou à lui-même.

Les personnes hypersensibles sont très empathiques. Elles captent et absorbent énormément les énergies du collectif et peuvent par exemple ressentir très intensément la colère ambiante. Actuellement, nous sommes en train de transmuter des mémoires transgénérationnelles, c'est-à-dire des mémoires appartenant à nos ancêtres, à nos grands-parents.

Ces transmutations se produisent dans le corps, principalement dans le bassin et au niveau des organes. Nous transcendons ces vieilles mémoires de soumission et d'esclavage afin de reprendre notre souveraineté. C'est pour cela que cette période peut sembler délicate à traverser pour certains.

Comme les hypersensibles peuvent être de vraies éponges émotionnelles, il est donc important qu'elles apprennent à reconnaître et à maîtriser leurs émotions. Un hypersensible va être affecté par tout ce qu'il voit, ce qu'il entend et, ce qui gravite autour de lui.
Par exemple, il est particulièrement attentif aux étiquettes dans les vêtements et va éprouver un besoin irrépressible de les couper immédiatement sous peine de devenir obsessionnel. Le moindre bruit peut l'énerver.
En tant qu'hypersensible, vous pouvez vous sentir très rapidement submergé par des évènements extérieurs ou que vous soyez déprimé en regardant la télévision et ce qui se passe dans le monde.
Il est donc essentiel de garder une certaine distance par rapport aux réseaux sociaux. Vous pouvez être très inquiet, très anxieux vis-à-vis

des autres, car vous avez envie que tout le monde aille bien autour de vous.

D'autre part, leur intuition est généralement extrêmement développée et cela fait souvent d'eux de grands créatifs. Elles sont reliées au cœur, à l'humanité et ont spontanément ce côté altruiste. Ce sont des personnes qui viennent d'ailleurs pour justement incarner encore plus de Lumière et d'Amour sur Terre.

Être hypersensible est donc un formidable atout quand nous nous connaissons. Gandhi disait souvent : *« Si tu veux connaître le monde, connais-toi toi-même »*. Il est vrai que depuis notre enfance, on nous apprend à aimer les autres, à connaître les autres, mais personne ne nous enseigne, comment nous connaître et nous aimer nous-mêmes. Or, c'est fondamental, car en se connaissant soi-même, nous connaissons nos limites, nos besoins, nos modes de communication, nos modes de fonctionnement et nous sommes en mesure de mieux naviguer dans ce monde.

DISTINGUER L'EMPATHIE ET LA COMPASSION

Les hypersensibles ont souvent de la difficulté à identifier leurs besoins et à définir leurs limites, puisqu'ils veulent toujours aider l'autre. Cependant ne confondons pas empathie et compassion. Ce sont 2 choses différentes.
Voici un exemple d'empathie pour illustrer. Vous avez une amie qui vient de se séparer et qui est au bout de sa vie. Elle vous raconte son histoire et cela vous rappelle une rupture que vous avez déjà vécue. Vous entrez alors en fusion avec cette personne, vous êtes absorbé par son récit qui entre en miroir avec votre propre histoire passée et cela réveille en vous des émotions.

Dans ce cas-là, vous vous déchargez de votre énergie et vous ne pouvez pas être un soutien pour votre amie.

Éprouver de la compassion est différent. Vous constatez la souffrance en l'autre, mais vous ne l'associez pas à votre expérience passée. Il n'y a ainsi pas de brèche énergétique et émotionnelle dans votre aura, vous ne gaspillez pas votre énergie et vous pouvez simplement être un support précieux pour la personne. Dans la compassion, vous ressentez les choses, mais vous maintenez un certain détachement. J'ai personnellement beaucoup de compassion pour les personnes qui gravitent autour de moi. Si l'une d'entre elles pleure, je ne pleure pas avec elle. Cela ne veut pas dire que je ne suis pas touchée par ce qu'elle vit et me raconte. Mais si je m'effondrais, comment cette personne pourrait-elle être aidée ?

Voilà pourquoi, il est fondamental de faire une distinction claire entre ces deux notions.

Ainsi, il est primordial et essentiel d'apprendre à gérer vos émotions. Dans le mot émotion, il y a le « é », comme énergie et « motion » qui signifie mouvement. Une des clés pour mieux maîtriser vos émotions est de les libérer à travers une activité créative : la danse, le mouvement, le dessin, une activité à travers laquelle vous vous exprimez.
Les hypersensibles peuvent être très sensibles et avoir tendance à tout garder en eux. Il est impératif de laisser s'exprimer et libérer cette énergie, sinon elle se cristallise dans le corps. Ceci crée par la suite des fermetures de cœur, de la rigidité, des malaises ou des maladies.

En tant qu'hypersensible, vous avez également besoin de plus d'espace, d'isolement, de temps

dans la nature et de silence que les autres. Vous pouvez être très sociable, mais ces moments pour vous sont indispensables. Si vous êtes en famille, il est important que vous expliquiez à vos proches qu'il y a un endroit spécifique dans la maison, comme un espace avec un autel et une bougie où, lorsque vous y êtes installé, cela signifie votre besoin de tranquillité.
Vous pourriez leur dire : « *Ceci est mon espace de ressourcement, de recueil avec moi-même, j'ai besoin de cela 15 minutes par jour, pour faire le vide, me recentrer et me nourrir moi-même grâce au silence. Et lorsque je m'assois ici, j'ai besoin de ne pas être dérangé* ».
Il est important d'instaurer ce type d'habitude propre à vos besoins.

Ce que vous pouvez faire aussi pour ne pas vous sentir débordé – c'est ce que je fais le matin – c'est de vous accorder 15 à 30 minutes, uniquement avec vous-même, avant de diriger votre attention vers l'extérieur, vers qui ou quoi que ce soit. Pourquoi ?

Si vous ne vous occupez pas de votre enfant intérieur, de votre enfant de Lumière dès le réveil et que votre attention est entièrement tournée vers les autres, le travail, alors que vous êtes la personne la plus importante de votre vie, lorsque le soir arrive, vous ressentez cette sensation d'être en apnée, d'être vidé et d'avoir été dans une forme de sacrifice en plaçant les autres avant vous.

Si vous passez toute la journée à donner et que vous faites votre balade dans la forêt et dans un parc pour vous régénérer, vous l'apprécierez moins, car vous avez déjà moins d'énergie vitale. À contrario, si vous vous accordez simplement 10 ou 15 minutes chaque matin pour réaliser une activité qui vous met en joie, vous vous offrez un cadeau à vous-même.

Vous pouvez par exemple danser vos émotions, écouter une musique qui vous apporte du réconfort, écrire, lire, écouter un podcast qui vous procure de l'énergie, pratiquer le yoga ou vous adonner à la méditation.
Trouvez ce qui vous plait et vous procure du bien-être. Ici, je m'adresse principalement aux mères et aux pères de famille, mais cela est valable pour tous.
Si vous ne vous accordez pas ces instants, vous aurez toujours cette sensation de donner sans cesse aux autres, d'être en suradaptation et l'impression de créer votre propre burnout.

Prenez donc des rendez-vous réguliers avec vous-même.
Sachez identifier vos besoins grâce à ces périodes d'isolement.

Certes, en tant qu'hypersensible, vous pouvez vous sentir très enthousiasmé par les propositions extérieures. Avant de répondre, je vous suggère de prendre le temps de méditer. Car, habituellement, lorsqu'on vous propose quelque chose, vous êtes emballé, vous ne réfléchissez pas et ensuite vous vous dites : *« Ah mince, j'ai dit oui trop vite ! »*. Dites plutôt : *« Merci pour cette invitation, je vais y réfléchir / méditer dessus et je reviens vers toi bientôt pour te donner une réponse »*.
Utilisez ces phrases toutes faites pour vous aider à poser vos limites.

Écouter quelqu'un demande de l'énergie et peu de gens en ont conscience. Souvent les amis ou l'entourage familial pensent que c'est un dû. Seulement, un hypersensible ne va pas forcément connaître ses limites et il va se faire vampiriser son énergie, car il offre bien souvent toute son attention et son écoute à une personne qui n'arrive pas à percevoir sa propre Lumière. Savoir identifier vos besoins et vos limites est essentiel et nécessite de vous interroger sincèrement :

« De quoi ai-je besoin ici et maintenant ? ».

Être face à un ami qui parle tout le temps épuise. Cela m'est arrivé avec une amie qui confondait amitié et thérapie. Chaque fois qu'elle m'appelait, c'était pour évacuer ses soucis. Je lui ai précisé que c'était important qu'elle se responsabilise avec l'écriture par exemple, qu'elle libère ou qu'elle prenne une séance avec un spécialiste pour justement gérer toutes ces émotions. Ce n'est pas la place d'un ami de faire cela.
Nous pouvons être un soutien les uns pour les autres sans pour autant être le déversoir des

poubelles émotionnelles d'autrui. En posant vos limites, vous rendez service à tout le monde. Ainsi, si vous vous sentez happé par l'extérieur par un ou une amie qui a vraiment envie de vous parler alors que vous n'avez pas l'espace d'écoute, il vous suffit de lui dire : *« Écoute, j'entends que tu aies besoin de parler, mais là, je n'ai pas l'espace d'écoute nécessaire ici et maintenant. Est-ce que nous pouvons nous rappeler demain ou après-demain à telle heure ? »*.

Pour pouvoir aider les autres, il est important que vous puissiez honorer vos propres besoins et que vous vous respectiez. Souvent, les hypersensibles disent oui alors qu'ils pensent non. Ils ne savent pas dire non par peur de blesser l'autre. Vous vous dites que cette personne ne va plus vous aimer ou continuer à rester dans votre entourage si vous ne l'écoutez pas, si vous ne répondez pas à son besoin maintenant. En réagissant ainsi, vous opprimez vos propres besoins et c'est vous qui êtes en souffrance. Si vous ne parvenez pas à fixer vos propres limites, cela engendre de la colère ou un déni de colère, parce qu'en n'ayant pas su dire non, vous ne vous mettez pas seulement en colère contre les autres, mais surtout contre vous-même.

Autorisez-vous donc beaucoup de rendez-vous avec vous-même afin de vous ressourcer en pleine nature. Personnellement, j'ôte mes chaussures et je pose mes pieds nus dans le jardin. Cela me permet de me relier à la Terre-Mère, de m'ancrer plus profondément et de régénérer mon énergie. L'ancrage permet vraiment de transmuter toutes les énergies bloquées, absorbées des autres.

ÉCOUTER VOTRE INTUITION

Plus vous écoutez votre corps, votre ressenti et votre petite voix intérieure, plus vous serez en mesure de prendre la décision la plus juste. Ainsi, si une personne vous propose quelque chose que vous ne ressentez pas, vous pouvez tout simplement lui dire : *« Je ne le sens pas. Je ne sais pas pourquoi mais je ne le sens pas »*. Personne ne pourra vous reprocher votre décision si vous l'exprimez de cette façon. Vous pouvez aussi dire : *« C'est trop pour moi »*.

Ressentez si vous avez mal au ventre, car souvent, il y a des symptômes physiques que vous n'écoutez pas. Quand vous êtes entouré de personnes qui vampirisent votre énergie, soyez à l'écoute de ce qui se passe dans votre ventre. C'est souvent au niveau du hara, votre centre énergétique, du chakra sacré que l'on vous vampirise votre énergie. C'est important de vous protéger.

Prenez maintenant un instant afin de vérifier si vous vous identifiez à cette description des hypersensibles. Il est important aujourd'hui de nommer les choses. Si vous considérez que toutes les personnes qui vous entourent pensent comme vous et que cela est logique, vous vous sentirez toujours incompris.
Imaginez que vous êtes un gentil koala et qu'autour de vous, se trouvent des dauphins et vous croyez qu'ils sont aussi des koalas. Non. Vous n'avez tout simplement pas le même mode de fonctionnement.

En tant qu'hypersensible, nous sommes certes sensibles à tout, mais cela nous permet, comme nous l'avons mentionné précédemment, d'être davantage reliés au cœur.
Si nous parvenons à utiliser notre hypersensibilité comme un atout, nous pouvons développer notre intuition et être encore plus guidés par le cœur et en lien avec les Êtres de Lumière qui nous accompagnent au quotidien.

C'est compliqué dans cette société, car les hypersensibles sont relégués au « cachot ». Un dessin animé peut vous faire verser des larmes. L'injustice peut vous faire sortir de vos gonds. Vous êtes plus sensibles à tout et vous n'êtes pas vraiment compris.

C'est pourquoi il est important d'expliquer aux autres votre mode d'emploi, leur dire que vous avez besoin de rendez-vous avec vous-même, d'espaces de silence, que cela vous nourrit et ne pas vous attendre à ce que les autres devinent vos besoins. La plupart d'entre vous trouvent cela logique, mais non. Cela vous invite à reformuler en permanence.

LES VAMPIRES ÉNERGÉTIQUES

Parlons maintenant des vampires énergétiques. De nombreuses personnes les prennent en grippe, les méprisent ou les considèrent comme hostiles, or ce n'est pas le but. En adoptant cette attitude, vous verrouillez votre cœur et la meilleure protection consiste au contraire à maintenir un cœur ouvert.

Un vampire énergétique est simplement une personne qui éprouve des difficultés à trouver sa propre Lumière, c'est-à-dire l'Amour manifesté sur terre et par conséquent, il la recherche en permanence à l'extérieur et en autrui. C'est quelqu'un de très égocentrique, d'autocentré. Tout ce qui l'intéresse, c'est son petit moi et être vu et reconnu à travers les autres. Il n'a pas d'autre choix, car il ne sait pas comment procéder autrement que de voler la Lumière chez les autres. C'est comme un singe qui n'arrive pas à se procurer sa nourriture.

Comment les reconnaît-on ?

Vous l'avez sans doute vécu. Vous avez une conversation au téléphone et lorsque vous raccrochez, vous vous sentez complètement vidé. Pourtant, vous aimez cette personne, vous l'appréciez. En général, celle-ci vous pose 2 ou 3 questions. Comment vas-tu ? Tu as passé une bonne journée ? Vous croyez que cette personne s'intéresse à vous, mais elle passe tout le reste de la conversation à vider ses poubelles émotionnelles.
Ces personnes se positionnent en victimes. Elles vous confient leurs pires problèmes, vous demandent des conseils mais ce n'est pas ce

qu'elles recherchent au final. Ce dont elles se nourrissent, comme elles sont incapables de la trouver elles-mêmes, c'est votre énergie vitale, votre Lumière. C'est pourquoi vous vous retrouvez à chaque fois dépouillé de votre vitalité à leur contact.

Les vampires dévitalisent tellement qu'ils peuvent même vous donner cette impression de mourir. Cependant, lorsque nous attirons un vampire - parce que nous créons tous notre réalité - c'est parce que des brèches sont déjà présentes en nous. L'ombre ne peut pas s'inviter sans faille en soi. Le manque d'Amour de soi crée un trou dans le cœur, dans l'aura et ces personnes vont venir soutirer notre énergie. Nous les rencontrons pour justement apprendre à nous positionner.
Les personnes empathiques attirent souvent ce type de personnalité dans leur vie, car

justement, elles ont davantage aimé les autres qu'elles-mêmes et l'univers leur dit non□!
C'est le cas si vous avez déjà vécu une relation toxique avec un pervers narcissique. Vous êtes venu ici pour vous aimer vous. S'aimer soi n'est pas s'aimer en mode narcissique et égotique, mais plutôt aimer l'enfant de Lumière que vous êtes. Vous êtes l'enfant de la Source.
Quand nous aimons quelqu'un plus que nous-mêmes, nous éprouvons ces pertes d'énergie afin d'être suffisamment fatigués pour apprendre la leçon et mettre un stop définitif à ce processus.

Prendre soin de soi, aide à mieux prendre soin des autres.

Pour ce type de relation précisément, il est préférable de couper les liens, car ces êtres sont incapables d'aimer et pire encore, ils méprisent totalement l'amour, leur incapacité à ressentir les rend même destructeurs.

Soyez avant tout attentif à ce que vous ressentez. Même si cette personne affiche un grand sourire, qu'elle est dynamique et pleine d'énergie, il se peut que sur un plan énergétique, ce soit complètement l'inverse.
Ce sont d'ailleurs souvent ces personnes, qui lorsque vous voyez leur nom s'afficher sur votre téléphone, vous vous dites : « Ah non, pas elle ! ». C'est un signe. Vous savez pertinemment à qui vous avez à faire. C'est important d'être sélectif avec votre entourage. Une personne qui se complaît dans la victimisation, qui râle énormément est énergivore.
Si toutefois il vous arrive d'être comme cela vous aussi, ne vous jugez pas. Tout le monde vit cela et traverse occasionnellement des hauts et

des bas. Rectifiez simplement cette attitude et apprenez à vider votre sac émotionnel autrement.

Je vous rappelle qu'une victime va toujours attirer un bourreau et des expériences qui la feront inlassablement se sentir victime. Or, avec les énergies actuelles qui descendent sur terre, l'effet boomerang est beaucoup plus rapide, parce que précisément, nous sommes appelés à retrouver notre pleine souveraineté ; autrement dit, à assumer notre propre responsabilité, à donner notre approbation et reconnaître notre autorité.

Nous ne pouvons plus nous permettre de nous victimiser, car c'est aussi une forme de vampirisme, c'est aussi voler l'énergie des autres. Il convient au contraire de veiller au bien-être des autres. Si vous vous demandez également si un hypersensible peut être un vampire énergétique, la réponse est oui s'il se place en victime, car il aspire l'énergie vitale autour de lui en raison d' un manque de gestion émotionnelle.

Il est cependant parfois plus difficile de s'en protéger quand ce sont nos proches.
Sous prétexte que ces personnes sont des amis ou de la famille, nous considérons que cette attention, cette écoute est une obligation, mais c'est faux ! Vous n'êtes pas des thérapeutes.
Ne permettez à quiconque de vider ses poubelles dans votre espace. Et si vous êtes thérapeute, cet espace d'écoute et de conseils est réservé aux personnes hors amis et famille pour justement œuvrer avec le détachement émotionnel et énergétique professionnel requis lors de vos séances.
Lorsqu'il s'agit de notre famille, c'est d'autant plus délicat de dire non et pourtant, c'est vital.

Évidemment, il n'est pas question de rompre tout lien et ce ne sont pas obligatoirement des personnes méchantes pour autant.
Il existe vraiment différents types de vampires énergétiques. Certains sont réellement néfastes, voire destructeurs et pour ceux-là, le seul moyen est de fuir et de couper tout lien, toute relation, toute communication avec eux.

Les vampires ont tendance à se plaindre et cherchent à vous culpabiliser si vous ne répondez pas à leurs sollicitations. Culpabilité et honte sont des implants matriciels. Ce n'est ni naturel ni humain. N'entrez donc pas dans ces mécanismes. Si vous voyez la culpabilité se pointer, dites non ! Vous pouvez même l'exprimer à la personne : *« Ce que tu me dis me fait ressentir un sentiment de culpabilité et je ne suis pas du tout à l'aise avec cela »*. De cette façon, la personne peut voir son comportement de manipulation inconsciente.

Je vous propose maintenant de faire place aux techniques qui vous seront utiles dans ces contextes.

PROTÉGER ET AMPLIFIER SON ÉNERGIE

L'ancrage et le centrage sont des ressources particulièrement efficaces. Quand nous sommes dans les peurs, nous sommes en dehors de notre corps. Être ancré revient à être ici et maintenant, à l'intérieur de notre corps, à être à l'écoute de nos ressentis. Cela demande de passer plus de temps avec soi.

Quand nous parlons de centrage, cela signifie revenir en son centre, être à l'intérieur de soi. Il suffit pour cela de prendre trois inspirations et trois expirations. C'est simple et discret.

Vous pouvez le faire n'importe où, dans la file d'attente à la poste, en attendant votre enfant à l'école. Pour ma part, j'ajoute un élément en posant une main sur mon coeur et en disant :

« I AM, je suis ici et maintenant, merci mon Dieu, merci mon Dieu, merci mon Dieu ». Cela redirige tout de suite vers l'ouverture du cœur.

Le matin, pensez à **faire appel à un être divin d'Amour et de Lumière**, Marie, Jeshua, Maître Saint-Germain, un de vos ancêtres qui vous accompagne dans le subtil et demandez-lui *:*

« Merci de m'adresser une énergie de protection pour la journée ».

La visualisation créatrice est également extrêmement simple, puissante et efficace. Ce que vous pouvez faire chaque matin, comme nous l'avons précédemment proposé avec Maître Saint-Germain, c'est de visualiser un liquide violet qui pénètre par votre fontanelle et qui emplit tous vos corps énergétiques, ainsi que votre aura.

Vous pouvez également créer un bouclier énergétique, comme un miroir, une bulle argentée et vous vous placez à l'intérieur. Je l'ai fait une fois à Paris dans le métro. Comme je ressens énormément les énergies, j'ai besoin d'être constamment dans ma bulle et de me protéger, sinon cela m'impacte. Je me souviens que sur le quai, se trouvait un mendiant, sans doute drogué, qui abordait systématiquement chaque personne. J'ai fait ma bulle de protection et il est passé à moins d'un mètre de moi comme si j'étais invisible. Il a parlé à tout le monde sauf à moi. Vous pouvez essayer cette technique.

Il est important de toujours tourner la conscience vers soi, tout en étant avec les autres. Dans plusieurs religions, les personnes utilisent des chapelets, à la manière des malas.

C'est le cas chez les chrétiens, à Dubaï aussi, j'ai vu beaucoup de musulmans avec ces accessoires. En touchant chaque perle, ces personnes reviennent à elles-mêmes.
C'est une superbe technique, car lorsque vous **touchez un objet**, vous revenez aux sensations de votre corps et donc, vous vous mettez en présence de vous-même.
Par exemple vous pouvez avoir dans votre poche une petite pierre et lorsque vous êtes avec quelqu'un, même au téléphone, et que vous vous sentez happé, vous pouvez toucher et ressentir la pierre en gardant la conscience dans votre main : *« Je suis là. Je bouge un pied. Je bouge ma main. Je ressens la texture de la pierre dans mes doigts. Je suis avec moi-même ».*

En général, un vampire cherche votre attention.

Une phrase en anglais dit : « Where attention goes, energy flows », c'est-à-dire « Là où va votre attention, votre énergie va ».
Si vous ne voulez pas vous faire aspirer votre énergie, il vous suffit de **rediriger votre attention ailleurs**. Vous pouvez par exemple reposer une question pour orienter l'attention de la personne vers un autre sujet.
Voici un exemple concret. Je suis récemment allée dans une boulangerie et le boulanger était très en colère. Il criait à l'injustice à cause de l'augmentation de ses factures d'électricité et des commentaires parfois douteux des gens sur internet. Il essayait donc de capter mon énergie par rapport à ce qu'il vivait. J'ai tout simplement remis l'attention dans ma main, puis à l'intérieur de moi-même pour rayonner ma Lumière et lui en envoyer. Ensuite, j'ai redirigé son attention en lui posant une question sur son gâteau aux noix de façon à

changer de sujet. Cela a permis de rediriger son attention sur autre chose.

Souvent, les vampires se placent en victime et vous racontent tous leurs problèmes. Ils réussissent ainsi à capter votre attention. Cela crée une brèche par laquelle s'échappe votre énergie. En étant complètement attentif à ce que les personnes vous racontent, vous vous faites voler cette énergie sans même vous en apercevoir.
Rappelez-vous que les vampires ne veulent pas vos conseils même s'ils les demandent mais votre attention, car lorsque c'est le cas, ils aspirent votre énergie. Il suffit donc de changer la direction de l'attention, tout en restant présent, car, il n'est pas évident de partir et de laisser la personne, surtout si c'est une personne de votre famille.

Si votre grand-mère se plaint et que vous avez de la peine pour elle, c'est compliqué de lui dire que vous n'avez pas envie de l'écouter parce que ça plombe votre énergie.

Remarquez que lorsque vous êtes à l'écoute de quelqu'un et captivé par la conversation, vous n'êtes plus dans votre corps et votre ressenti. Quand l'énergie s'échappe, cela se passe souvent au niveau du ventre et vous pouvez constater que votre respiration a changé.
Ainsi, vous pourriez tout simplement ramener votre conscience dans votre main et la ressentir. Ressentez votre main gauche, votre pied droit et bougez vos orteils. Ensuite, concentrez-vous sur votre respiration, essayez de la ralentir, cela apaisera votre mental et vos émotions. Personne ne s'apercevra de ce que vous faites. Vous pourriez aussi juste tenir cette pierre dans votre main, dans votre poche. *« Je*

suis avec mes sens, je suis ici et maintenant, je suis avec mon corps ». Ainsi, vous n'êtes plus dehors et votre énergie ne se disperse pas à l'extérieur. De cette façon, vous pouvez continuer à être avec les autres et simultanément rester avec vous-même. C'est à mon sens une des techniques les plus simples.

Une autre proposition consiste à **vous régénérer dans la nature**, vous mettre auprès d'un arbre. Rien n'est plus facile ! C'est comme aller voir un ami, vous le saluez et vous lui envoyez de l'Amour.
Nous avons tendance à demander des choses sur le plan subtil, mais nous oublions souvent de donner d'abord.
Ainsi, une fois que vous êtes entré en contact avec l'arbre, vous pouvez vous assoir près de lui et lui demander de vous libérer de toutes les charges émotionnelles accumulées durant la

journée. Celles-ci viendront naturellement se déposer dans la terre. Il se peut qu'à ce moment, vous ayez envie de bâiller profondément. Laissez faire. Il s'agit justement des soins de libération énergétiques que ces arbres vous offrent. Les arbres sont des êtres précieux !

Lors d'un récent stage que j'ai animé, nous avons fait des balades en conscience et en silence en pleine forêt et une participante m'a confié : « Je ne savais pas à quel point le silence me fait du bien, à quel point marcher en groupe, sans parler, nourrit mon âme. Je n'avais pas réalisé ce besoin qui vient d'être comblé et j'ai soif de moments comme cela, de moments de retrait, d'isolement. Chaque fois que je me baladais avec une amie en forêt, je me sentais obligée de discuter avec elle alors qu'en fait, j'avais besoin de présence et de silence ».

Certaines personnes n'étaient en effet pas conscientes de leur hypersensibilité, qui, est souvent jugée voire mal perçue dans notre société. Sur internet, la description qui en est généralement faite invite ceux qui en « souffrent » à consulter un psychologue pour y remédier. Elle est perçue comme une tare, voire une maladie, alors que ce devrait être la normalité. À mon sens, c'est être privé de ses émotions, de sa sensibilité et être dans un intellectuel froid et sans cœur qui n'est pas normal. Ne croyez donc pas que l'hypersensibilité est une faiblesse… Bien au contraire !

Avez-vous remarqué que lorsque vous êtes en présence d'une personne qui veut vampiriser votre énergie, vous avez parfois intuitivement le réflexe de **croiser** spontanément **les bras ou les**

jambes ? C'est un rempart, un bouclier au vol d'énergie. N'hésitez pas à le refaire si vous estimez être en présence de quelqu'un qui cherche à utiliser votre énergie.

Mais, finalement la meilleure protection consiste à **rayonner de sa propre Lumière**. Imaginez que vous êtes un soleil et visualisez ce soleil qui brille à l'intérieur de votre corps et qui prend de plus en plus de place. Vous pouvez vous amuser à le faire et constater les bienfaits que cela apporte autour de vous, sans que vous ayez à prendre la parole, juste grâce à cette visualisation créatrice. Je le fais souvent quand je vais dans des lieux où les gens ne vont pas bien. Je rayonne. J'envoie tous ces rayons, tout cet Amour autour de moi. Je remplis toute la pièce.

Pour vous aider, vous pouvez penser à quelqu'un que vous aimez fort, que ce soit un animal ou une personne – personnellement je pense à mon petit chat, Sweety – et vous émanez cette Lumière, cet Amour à l'intérieur de votre cœur, comme si vous remplissiez tout votre aura et tout l'espace, puis vous laissez cette Lumière toucher les personnes autour de vous. Vous verrez que cela crée des vagues de bien-être.

Comme nous l'avons déjà évoqué précédemment, **nommez vos besoins** lorsque vous sentez que les sollicitations extérieures sont trop élevées pour vous. *« Je n'ai pas l'espace d'écoute actuellement. Si tu es d'accord, on en rediscute demain ou après-demain ? »*. Définissez un espace-temps dédié à cela. Ne laissez pas l'autre personne vous imposer sa décharge émotionnelle et psychique.

En tant qu'énergéticien, thérapeute, coach ou guérisseur, vous avez encore plus de nettoyage à effectuer. En effet, il est d'autant plus important de se protéger et de faire circuler ces énergies, sinon elles se retournent contre vous. Il est nécessaire de vous **réharmoniser avec les fréquences de la terre mère** chaque jour. Visualisez vos racines comme je vous l'ai proposé précédemment. Vous pouvez ôter vos chaussures et vous mettre pieds nus dans le jardin. Vous relâchez toute la partie pelvienne et laissez les énergies circuler. Exécutez ce travail avec Maître Saint-Germain.

Pour ma part, je trouve la **technique des bonhommes allumettes** de Jacques Martel particulièrement efficace. Des précisions sont aisément accessibles sur internet. Il s'agit de dessiner des bonhommes sur une feuille et de couper avec le papier les liens énergétiques.

Vous pouvez le faire par exemple lorsque vous êtes en conflit avec une personne de votre entourage. Cela coupe uniquement les liens émotionnels et d'attachement, mais pas les liens d'amour. Pour l'avoir expérimenté à plusieurs reprises, j'ai souvent remarqué que peu après, j'avais un appel de la personne et soudainement, la relation s'était apaisée.

Poser ses limites est également une stratégie très bénéfique. Plus vous posez des limites saines, plus vous vous respectez et plus vous montrez également le chemin aux autres. C'est l'Amour de Soi.
N'essayez jamais de changer les autres. Changez-vous vous-même et incarnez l'exemple, sans chercher à prouver quoi que ce soit à qui que ce soit, mais uniquement pour vous-même.

En fixant vos limites, vous transcendez votre peur de ne pas être aimé, la crainte de ne pas faire partie d'un clan, la peur d'être rejeté ou abandonné.

Le monde de la 3ème dimension est celui du triangle victime/bourreau/sauveur. Vous devez **vous positionner pour ne pas rentrer dans un rôle de victime** : *« Non je ne rentre pas dans un rôle de sauveur, non je ne rentre pas dans un rôle de bourreau »*. Identifiez cela sinon vous restez bloqué à ce palier.

Comme nous nous dirigeons vers un monde de plus en plus vibratoire, vous allez expérimenter certaines dissonances et vous serez amenés à **faire des choix**.
Vous constaterez par exemple, et malgré ce que prétendent certaines personnes, que vous n'aurez plus envie de les côtoyer.

Nous sommes chacun une note de musique et commençons à nous harmoniser avec les notes de la même gamme.
Je vous parlais de dissonance pour vous préciser que progressivement, vous devenez plus sensibles à la vibration.
Reprenons l'exemple du boulanger. À votre avis, quel sera le goût de son pain s'il rumine toute la journée ? Comparez à une personne qui fait du pain en chantant et en vibrant dans l'Amour, en ayant conscience que le pain qu'elle pétrit va apporter du bien-être aux personnes qui le consommeront.
Personnellement, je fais le choix de ne plus aller dans cette boulangerie, parce que je ressens cette vibration. Progressivement, vous devenez de plus en plus sensibles aux objets et aux personnes. Vous êtes davantage attiré vers quelque chose ou repoussé par autre chose.

Les personnes qui mangent de la viande en provenance d'animaux ayant subi de la maltraitance, de la violence, ne peuvent pas s'étonner, qu'en se nourrissant de cette vibration, leur corps regorge de colère, de haine et de rage. Je ne vous demande pas de devenir végétarien sur le champ, mais de simplement prendre conscience de l'impact que certains aliments peuvent avoir sur votre taux vibratoire. C'est important d'être sélectif dans les directions que vous empruntez et dans le choix des personnes qui gravitent autour de vous. Je vous rappelle que vous ressemblez aux cinq personnes que vous fréquentez le plus, qu'il s'agisse de personnes que vous rencontrez physiquement ou avec lesquelles vous parlez au téléphone.
Posez-vous cette question :

« Qui ai-je envie de fréquenter ? »

Les pépites vont avec les pépites et non avec les cailloux. Vous êtes des pépites, des étoiles alors fréquentez des étoiles !

Si vous êtes hypersensible, c'est d'autant plus important pour vous de **méditer** pour ne pas fuir ce qui est, ce qui crie à l'intérieur et toutes les émotions que vous ressentez. Il est essentiel de les accueillir, car instinctivement nous avons tendance à les éviter, à chercher à l'extérieur plutôt qu'à nous assoir à l'intérieur dans l'écoute et la présence. Vous pouvez méditer en marchant. Il s'agit simplement d'être conscient, d'être avec vous.

Si vous sentez des attaques énergétiques et notamment pendant la nuit, rayonner votre Lumière, comme nous l'avons dit, est de loin la meilleure des protections. Si vous êtes dans une

pièce sombre et que vous rayonnez de votre Lumière, vous éclairez la pièce et, ce qui est sombre ne pourra pas rester dans la pièce. Voilà pourquoi nous disons que la Lumière est comme de l'acide pour le bas astral ou les entités. Ils brûlent.
Au lieu d'avoir peur de vous faire attaquer, je vous invite plutôt à rayonner de cet Amour, car rien ne peut vous atteindre si vous êtes rempli de confiance, d'amour et de Lumière.
Vous devenez alors intouchables.

De la même manière, nous pouvons protéger les personnes que nous aimons en leur envoyant de la Lumière, tout simplement. Je pense à quelqu'un que j'aime, je rayonne et je lui envoie toute cette Lumière, tout cet Amour.

Lorsque vous vous inquiétez pour autrui, c'est l'inverse de la Lumière parce que vous envoyez

le message indirect : « *Je n'ai pas confiance en toi, en tes ressources et en tes capacités à t'en sortir dans la vie* ». L'inquiétude dessert tout le monde et abaisse votre vibration.
Comme à l'école, au lieu de voir les défauts d'un élève en le traitant de cancre, on pourrait simplement poser de la Lumière sur lui, en lui disant : « *Moi, je sais que tu vas réussir. Certes, là, tu as des mauvaises notes, ce n'est pas grave et je suis certaine que tu vas avoir le déclic pour telle ou telle matière* ».
Si vous croyez en quelqu'un, que vous avez foi en lui, en ses capacités, vous ne l'enfermez pas dans un conditionnement et il peut éclore comme une fleur. C'est comme si vous arrosiez une graine d'Amour, de Lumière.

Envoyer beaucoup d'Amour suffit. C'est avoir pleinement foi en le Divin. Chacun a son contrat d'âme.

Il ne sert à rien de s'inquiéter pour des personnes qui n'ont pas le même niveau de conscience ou le même état d'éveil.
Il n'y a aucun jugement de valeur à avoir. Certaines sont de vieilles âmes, d'autres en sont de jeunes.
C'est comme dans un jardin, il y a de grands arbres et de petits arbustes. Il convient donc de respecter le niveau de conscience de chacun.
Actuellement, il se produit un réveil massif et certaines personnes reçoivent 20 ans de prise de conscience d'un seul coup et cela peut être douloureux.
Beaucoup d'entre vous font le travail de guérison, d'ascension spirituelle depuis de nombreuses années et plus particulièrement depuis ces 2 dernières années, alors imaginez quelqu'un qui n'a jamais accordé d'importance à la spiritualité, qui ne s'est jamais posé de

question en quête de sens et qui se réveille d'un coup.
Cela est très perturbant pour eux. Ayez donc de la compassion pour ces êtres...

Gratitude à tous et aux êtres d'Amour, divins et de Lumière qui nous accompagnent.

Avec tout mon Amour.

Cindy Phan

Dépôt légal Novembre 2023.

Retrouvez tous mes services :
www.cindyphan.fr

Retrouvez toutes mes vidéos sur ma chaine Youtube :
www.youtube.com/@cindy-phan

Retrouvez-moi sur Instagram :
www.instagram.com/cindyphan.official/.

Notes :

Retrouvez-moi en stages et en conférences :
www.cindyphan.fr

Printed by Amazon Italia Logistica S.r.l.
Torrazza Piemonte (TO), Italy

54554691R00047